日本の排他的経済水域（EEZ）

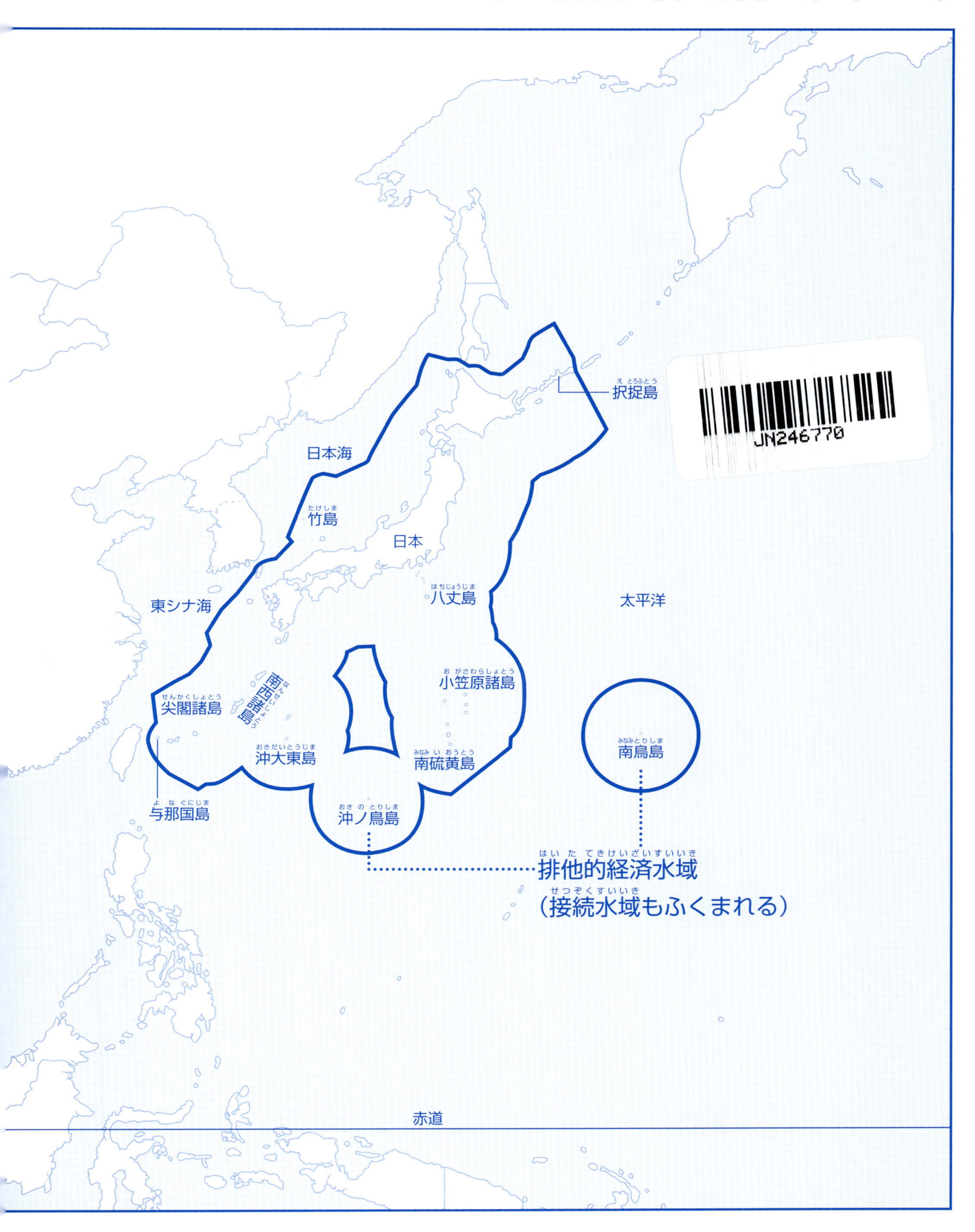

日本の島じま大研究 3

日本の島と領海・EEZ

監修／田代 博

著／稲葉茂勝

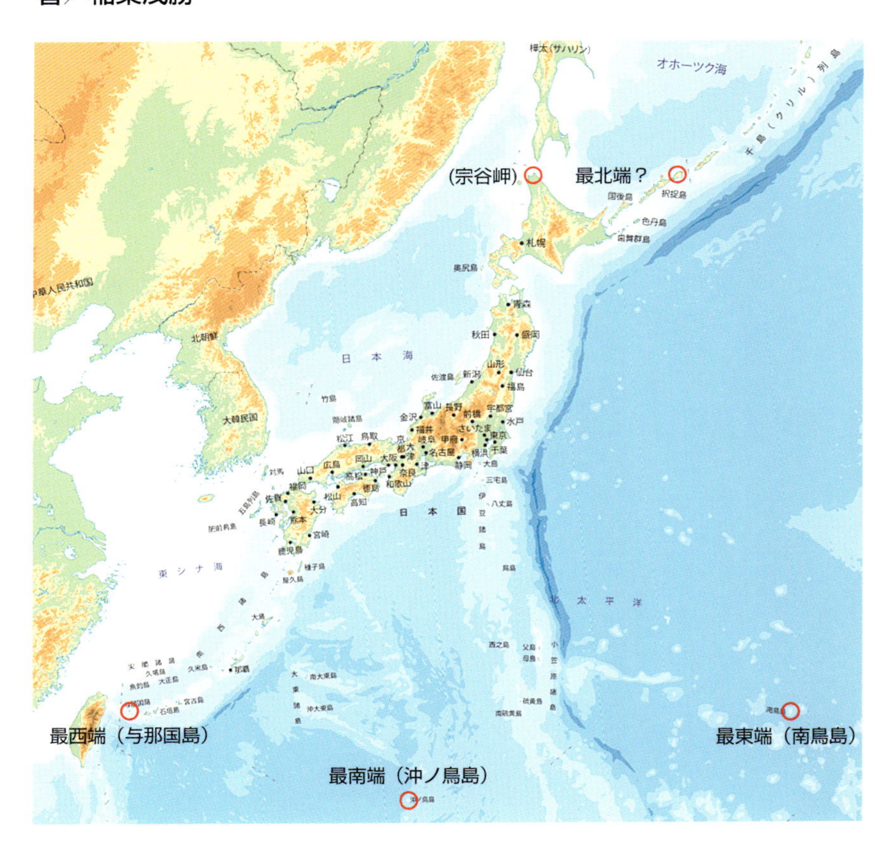

はじめに

みなさんは、「日本列島を大寒波がおそう」とか「台風が日本列島にそって北上」などと聞いたことがあるでしょう。でも、日本列島から遠くはなれたところに位置する沖ノ鳥島（おきのとりしま）は、大寒波にはおそわれませんし、日本列島にそって進む台風のコースとも関係ありませんね。では、どこからどこまでが、日本の島なのでしょうか。「日本列島」とは、どこのことをいっているのかを正確（せいかく）に理解（りかい）しているでしょうか。多くの日本人は、「日本列島」と「日本」は同じ範囲（はんい）だと考えているのではないでしょうか。ほんとうにそうでしょうか？

＊

みなさんは、日本の島じまについて、どのくらい知っていますか？　ためしに右のクイズに挑戦（ちょうせん）してみてください。

1

「日本には陸上の国境（こっきょう）がない」というのは、ほんと？

㋐ほんと　㋑うそ

㋒どちらともいえない

2

「日本は領海（りょうかい）を接（せっ）する国がない」というのは、ほんと？

㋐ほんと　㋑うそ

㋒どちらともいえない

3

日本が「北方領土（ほっぽうりょうど）」とよんでいる島は、いくつ？

㋐2つ　㋑4つ　㋒8つ

4

島根県（しまねけん）に属（ぞく）する竹島（たけしま）をいま、ある国が占領（せんりょう）しています。それはどの国？

㋐ロシア　㋑北朝鮮（きたちょうせん）　㋒韓国（かんこく）

5

韓国（かんこく）が「東海（トンヘ）」と、北朝鮮（きたちょうせん）が「朝鮮東海（チョソントンヘ）」とよんでいるのは、どの海のこと？

㋐日本海　㋑東シナ海　㋒太平洋

もくじ

❶日本の国境（こっきょう）は海の上…4
❷領海（りょうかい）が接（せっ）するとは？…6
❸外国に近い海…8
❹日本の最北端（さいほくたん）のさらに北にある島とは？…10
❺「千島（ちしま）列島」とはどこからどこまで？…11
●北方領土（ほっぽうりょうど）問題…13

9㋑（→p8）　7㋒（→p18）　8㋒（→p14）　6㋑（→p14）　10㋐（→p16）

6
対馬（長崎県）から、福岡と釜山（韓国）とでは、どちらが近い？
㋐福岡　㋑釜山

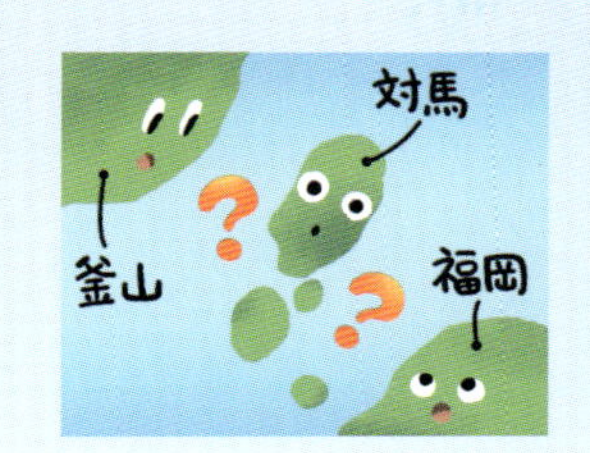

7
尖閣諸島を自分の国のものだといっている国があります。それはどの国？
㋐中国　㋑台湾
㋒中国と台湾の両方

8
沖ノ鳥島は、日本の最●端にあります。●に入るのはどれ？
㋐東　㋑西　㋒南　㋓北

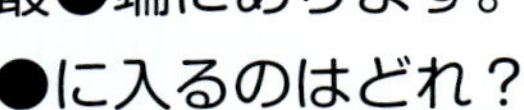

9
沖ノ鳥島が属する都道府県は、どこ？
㋐北海道　㋑東京都　㋒高知県　㋓沖縄県

10
「2012年に日本の大陸棚が拡大した」というのは、ほんと？
㋐ほんと　㋑うそ
㋒どちらともいえない

どうですか、自信をもって答えられましたか？　けっこう、知っているようで知らないことばかりではないでしょうか。

＊

現在、日本はいろいろな意味で世界から注目されています。日本にやってくる外国人もどんどん増えています。東日本大震災のあった2011年には、それまでより減って2321万人でした。でも、その後増えつづけ、2017年には4000万人以上になりそうです。だからこそ、日本にくらすわたしたちは、日本列島・日本の島じま・日本について正しく理解しておきたい！　そう考えて、日本地図センターの田代博先生の協力を得て、「日本の島じま大研究」全3巻をつくりました。

❶日本列島の歴史と地理
❷日本の島じまの大自然と気候
❸日本の島と領海・EEZ

さあ、みなさんもこのシリーズをよく読んで、日本についてしっかりした知識をもつようにしてください。

子どもジャーナリスト　稲葉茂勝

❻日本の最南端は？…14
● 沖ノ鳥島をめぐる国際関係…15
❼3か国が自分のものだという尖閣諸島…18
● 東シナ海をめぐる議論…22
❽「独島」とよばれる竹島…24
● 竹島問題…26
❾日本の最東端の小島…28
用語解説…30　さくいん…31

答え：1㋐（→p4）　2㋒（→p6）　3㋑（→p13）　4㋒（→p24）　5㋐（→p8）

❶ 日本の国境は海の上

「国境」とは、「国と国との境」のことです。
日本は四方を海に囲まれているので、陸続きの国はありません。
国境は海の上にあることになります。でも、日本の海と外国の海とは接しているのでしょうか？　考えてみましょう。

領土・領海・領空

「国境」は「国と国との境」である場合もありますが、もうひとつに「国の範囲（領域）の限界」という意味があるのです。いいかえると、その国の法律にしたがわなければならない（その国の法律が効力をもつ）領域の限界が、国境です。陸地の領域は「領土」といい、海の領域が「領海」、空の領域は「領空」といいます。

ただし海の領域の場合、領海の外側にも、国際法でその国の海といってよいと認められている「接続水域」と「排他的経済水域（EEZ*1）」とよばれる海があります。

日本は、国土面積では世界で62番目でありながら、排他的経済水域（領海をふくむ）は、世界で6番目と非常に広くなっています。

また、領空は、下の図のとおり、領土＋領海の上空とされています（高度100km以上の宇宙空間はふくまれない）。

*1 EEZは、Exclusive Economic Zoneの頭文字。

プラス1　排他的経済水域広さランキング

1位アメリカ、2位フランス、3位オーストラリア、4位ロシア、5位カナダ、6位日本、7位ニュージーランド、8位イギリス、9位ブラジル、10位チリ

●領土・領海・領空

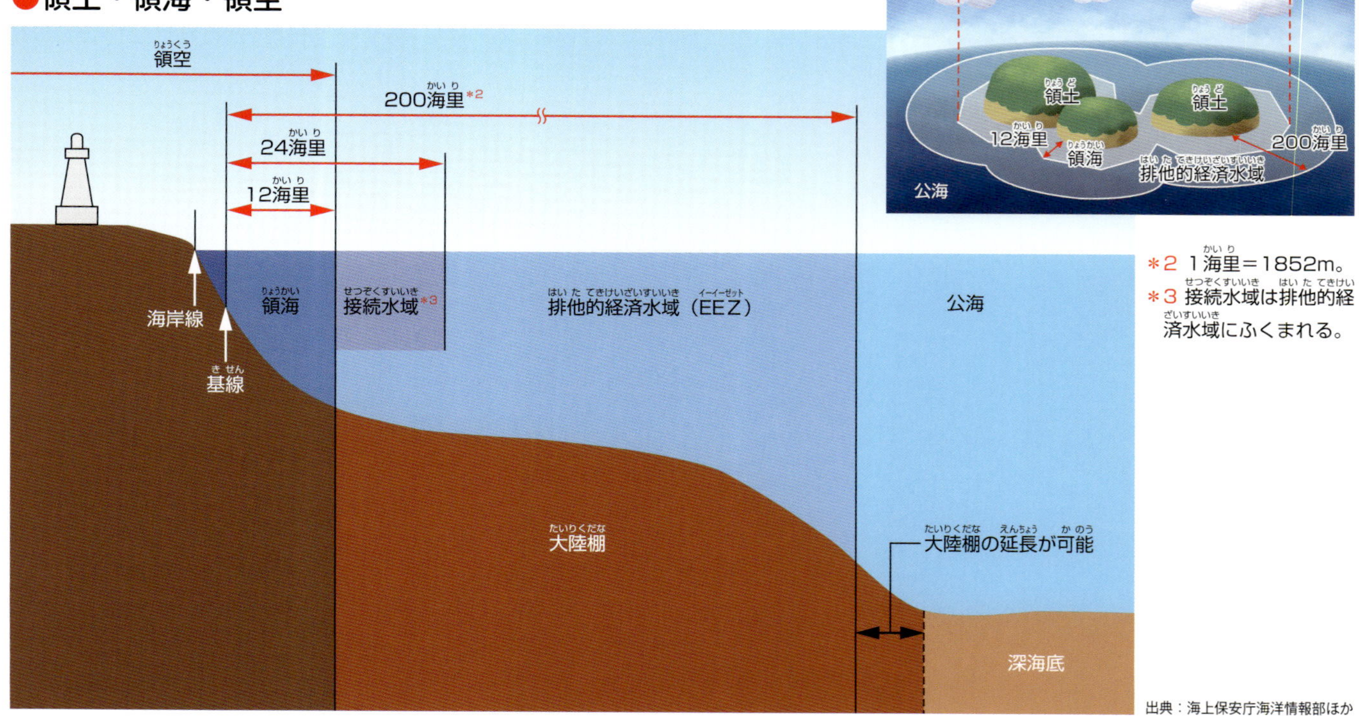

*2 1海里＝1852m。
*3 接続水域は排他的経済水域にふくまれる。

出典：海上保安庁海洋情報部ほか

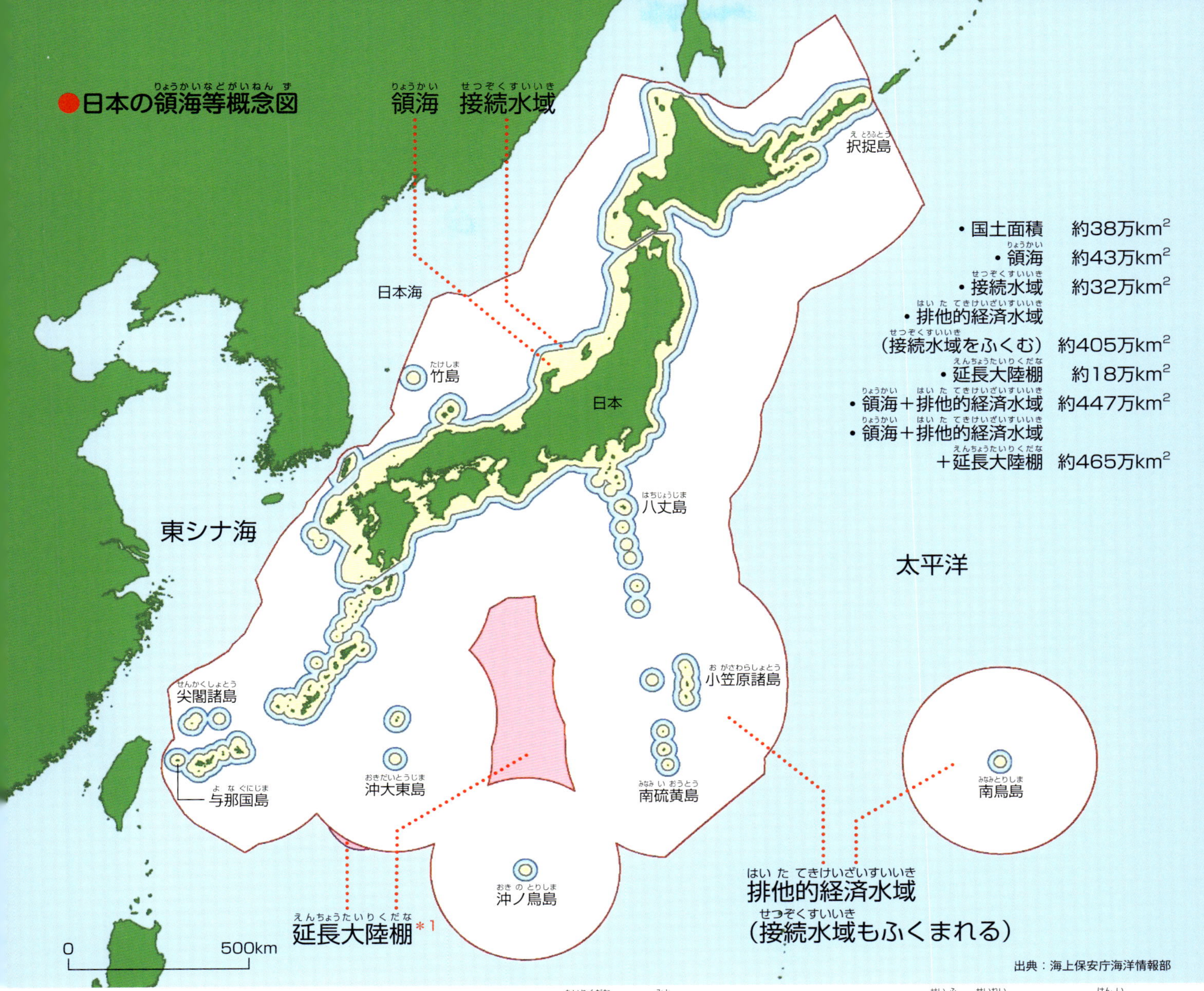

＊1 新たに大陸棚として認められた4か所（→p16）のうち、日本政府が政令により定めた範囲。

日本のまわりの海

上の地図は、日本の海上保安庁がつくったものです。日本の考えでつくったもので、まわりの国ぐにはこの地図を認めていません。地図をつくった海上保安庁でも、「国境が未画定＊2の海域には地理的中間線などにより便宜上示してある」と注意書きをしています。

＊2 国境の線がはっきり決められていないこと。

プラス1 国連海洋法条約

「国連海洋法条約」とは、1982年に採択された、海における各国の権利と義務、領海や大陸棚など、海洋問題全般について定めた国際条約のこと。正式名は「海洋法に関する国際連合条約」。

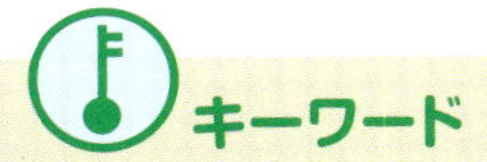

キーワード

● 領海：国連海洋法条約で認められた、基線（潮がいちばん引いたときの沿岸線）から12海里（約22.2km）までの範囲。

● 接続水域：領海の外側にあり、その国の通関、財政、出入国管理などに関する法令の違反を防止し、処罰するために規制をおこなうことが認められている、基線から24海里（約44.4km）までの水域。

● 排他的経済水域（EEZ）：領海の外側にあり、沿岸から200海里（約370km）以内＊3の水域（接続水域をふくむ）。沿岸国は天然資源の開発や管理などについて、法律で外国に対しさまざまな制限をすることができる。

● 公海：どこの国の主権にも属さない（その国の法律にしたがわないでよい）、各国が自由・平等に使用できる海。

● 大陸棚：基線の外側200海里（約370km）の線までの海域（領海をのぞく）の海底およびその下。自国の大陸棚においては、天然資源の調査やその天然資源を開発することが認められている（→p16）。

＊3 延長大陸棚が認められた場合、排他的経済水域も200海里以上に設定できる。

❷ 領海が接するとは?

海に囲まれている日本の「となりの国」は、
海をへだてた国(対岸国)ということになります。
でも、「領海と領海が接する」のは、日本と対岸国の基線間の距離が
24海里以内の場合です。どういうことか、わかりますか?

樺太
(サハリン)
約43km
宗谷岬
北海道

空から撮影された宗谷岬。©国土交通省国土画像情報(カラー空中写真)

宗谷海峡

日本の領海は、基線から12海里(約22.2km)までで、対岸国も同じです。すると、日本と対岸国の距離が24海里(12海里+12海里、約44.4km)以内の海でないと、「領海と領海とが接する」といえません。

そのように近いところに、対岸国があります。北海道の宗谷岬と対岸の樺太(サハリン)との距離が、約43kmです。ところが、宗谷岬と樺太とのあいだの海(宗谷海峡)は、基線間の距離が44.4km以内にもかかわらず、「領海と領海が接する」わけではないのです。なぜなら、この海は、通常の基線から12海里までの領海ではなく、3海里(5.556km)までと定められている5つの「特定海域」(→p9)のひとつだからです。

考えることはおもしろい!

「はじめに」のクイズ2にある「日本は領海を接する国がない」は、「ほんと」だということになりそうです。でも、これは、対岸の樺太がロシア領である場合の話ですよ。日本は、対岸の樺太がロシアの領土であることを認めていませんので、クイズ2の答えは、「どちらともいえない」となるわけです。

樺太(サハリン)

樺太(サハリン)は、ロシア連邦の東のはしに位置する南北948kmの細長い島です。1945年までは、北緯50°以南を、日本が領土としていました。しかし、そこは現在、ロシアが自国のサハリン州であると主張しています。これに対し、日本は、そこはまだどこの国のものでもない「国境未画定地域」であると主張。この問題はいまだに解決していません。

世界地図の国境線のふしぎ

世界地図にはところどころ、その地図の国境線を示す線とはことなる線が引かれていたり、白地になっているところがあったりします。それは、国境が決まっていない「国境未画定地域」であることを示しているのです。

●樺太の国境線のふしぎ

日本がつくった地図で、宗谷海峡付近を見ると、そこには、北側のロシアとのあいだにⒶ----が引かれています。また、樺太（サハリン）のまん中あたりには、もう１本Ⓑ----が引かれています。この２本の----は、そのあいだが国境未画定地域であると、日本政府が考えていることを示しているのです。

ロシアの地図（左）と、日本の検定済地図帳の地図（下）。樺太と北方四島、千島列島のあつかいがことなっている。

●千島列島の場合

千島列島にも、北方四島の北にⒸ----と、千島列島の最北端にもう１本Ⓓ----が引かれています。この２本の----も、日本政府がこの場所の国境がまだ定まっていないと考えているためです。

●日本の検定済教科書

下の地図は、現在の日本の検定済地図帳の地図で、これとことなった記載は検定不合格となります。これは、「国後・択捉・歯舞・色丹は日本領とする。南樺太、ウルップ以北の千島は帰属未定とする」という日本政府の主張にもとづくものです。このような地図は、日本以外の地図にはほとんど存在しません。日本でも、教科書以外ではこのようになっていないものもあります。

❸ 外国に近い海

6ページに記した宗谷岬のほか、外国に近い場所は、長崎県の対馬、沖縄県の与那国島(→p5)などがあげられます。これらの場所では、領海の範囲などが、日本のほかの海岸とはことなっています。

対岸国に近い日本の海

対馬から韓国の基線までは49.5kmで、与那国島から対岸の台湾の基線までは111kmです。いずれも24海里(44.4km)以上ありますので、領海と領海は接していません。それでも、日本にとって、海のすぐ向こうに外国があります。

とくに長崎県の対馬は、日本の島のなかで最も韓国に近く、じつは、九州のほうが遠いくらいです。九州と韓国とのあいだの海(対馬海峡)は、東シナ海と日本海*をつなぐ海峡で、対馬と朝鮮半島のあいだは対馬海峡西水道(朝鮮海峡とも)、対馬と九州とのあいだは対馬海峡東水道とよばれています。

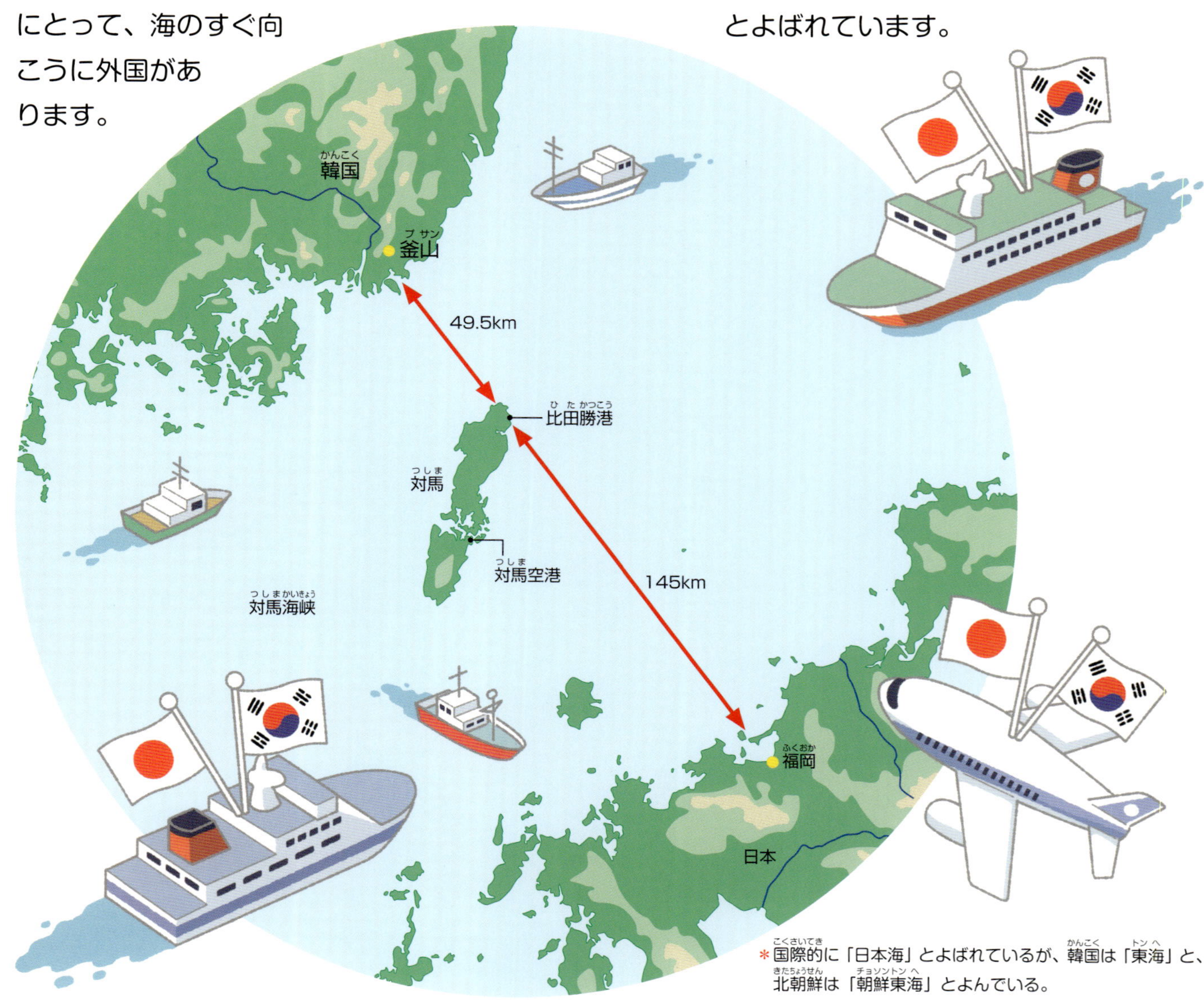

* 国際的に「日本海」とよばれているが、韓国は「東海」と、北朝鮮は「朝鮮東海」とよんでいる。

特定海域では

現在、北海道の宗谷海峡（1）と同じく、津軽海峡（2）、対馬海峡西水道（3）、対馬海峡東水道（4）、大隅海峡（5）が特定海域となっています。

日本では、1977（昭和52）年に制定された「領海法」により、領海は基線からその外側12海里までとされました。しかし、5つの海峡は日本の領海内でありながら、特定海域として、外国船（軍艦をふくむ）が自由に航行できることになっています。この意味で、これらの海峡は外国の船の通過が認められている「国際海峡」だといえます。

ただし、沿岸漁業を保護する目的で、外国漁船による操業などは禁止されています。

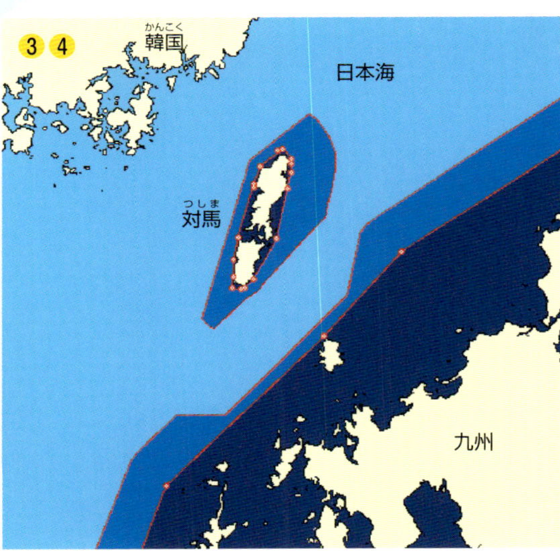

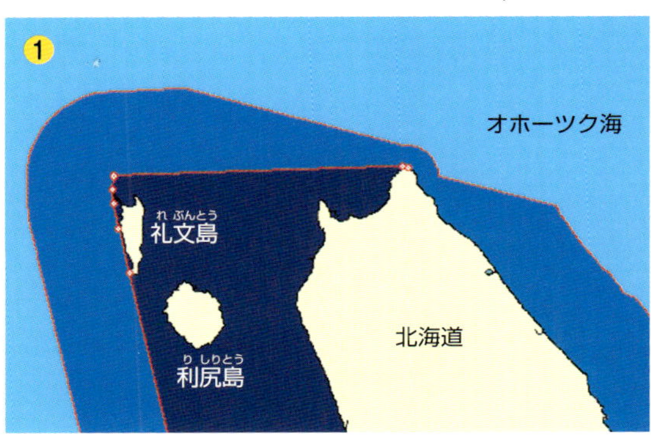

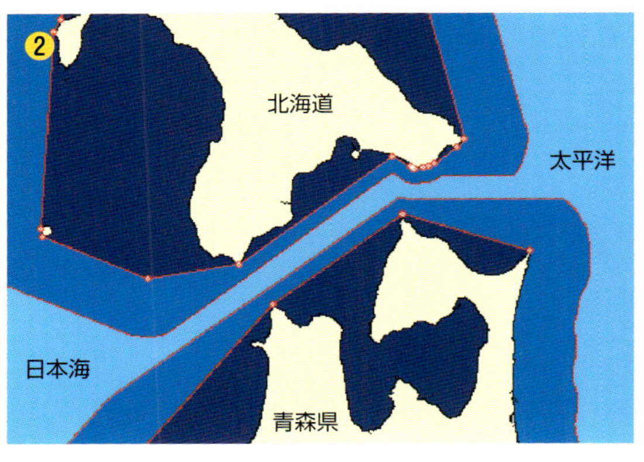

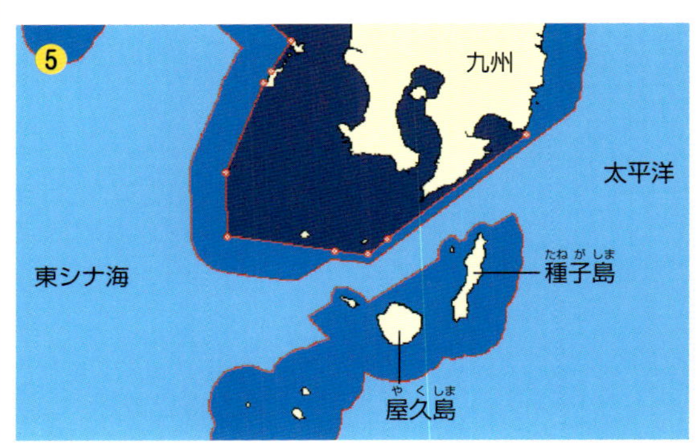

出典：海上保安庁

「日本最北端の地」の碑が立つ宗谷岬。

4 日本の最北端のさらに北にある島とは？

一般の人がふつうの交通手段でいくことができる日本最北端の場所は、北海道の宗谷岬です。そこには「日本最北端の地」と記された石碑があります。しかし、この岬より北にも、日本の島があります。それは、どこでしょうか。

さらに北にある島！

「日本最北端の地」の碑が立っているのは、宗谷岬の先端の北緯45度31分22秒の地点です。しかし、実際には、宗谷岬よりさらに北に島があります。それは、宗谷岬の北西約1.2km沖合にある弁天島という小さな無人島で、北緯45度31分30秒に位置します。

ただし、「北方領土」（→p13）が日本の主張するとおり日本のものだとすれば、日本の最北端は択捉島の最北端の岬、カモイワッカ岬（北緯45度33分26秒）ということになります。

弁天島。

択捉島の最北端の岬、カモイワッカ岬。

出典：地理院地図

5「千島列島」とはどこからどこまで？

北海道東端とカムチャツカ半島南端とのあいだには、北東方向に連なる島じまがあります。おもな島は、国後島・択捉島、ウルップ島などです。しかし、これらの島は、歴史的にも、現在のロシアとの関係においても、複雑な状況が続いています。

北海道東端から見える国後島。

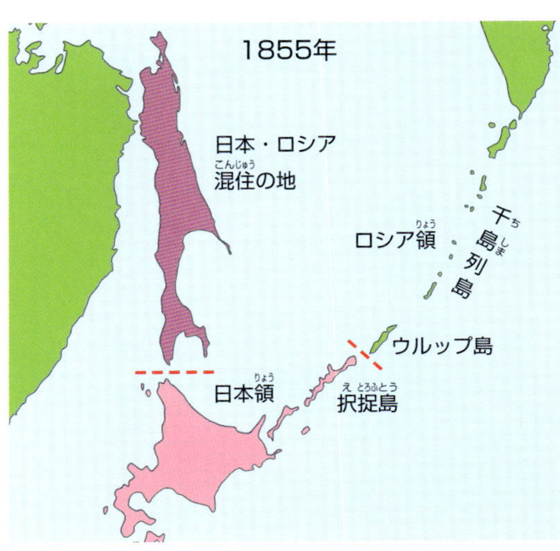

「千島列島」の歴史

江戸時代以前の日本人は、日本の北方を、たくさんの島がある「蝦夷」という場所だと考えていました。この意味で、北海道をふくめ、「蝦夷ヶ千島」または「千島」とよんでいました。

しかしヨーロッパでは、右上の地図のように現在の「千島列島」のことを「クリル諸島」とよんでいました。

1855年、日露和親条約*により択捉島以南を日本領と定めました。しかし、樺太は、その当時には日本・ロシアの国境が定められず、日本・ロシア混住の地となっていました（右下図）。

*1855年２月７日に下田で締結された、日露（日本とロシア）の国交を開いた条約。アメリカが軍事力を誇示して開国をせまったのとくらべ、ロシアは平和的な外交交渉に徹したといわれている。

1875（明治8）年、サンクトペテルブルグ条約（千島・樺太交換条約*1）が結ばれ、樺太はロシア領となり、かわりに、クリル諸島のうちロシア領だった島じまは日本領となりました。

1905年、日露戦争後の「ポーツマス条約」により、南樺太は日本領となりました。この条約により、サンクトペテルブルグ条約の樺太・北海道間の国境条項は失効しました。ただし、千島に変更はありませんでした。

ところが、それから40年がすぎた第二次世界大戦末期、ソ連（現在のロシア）は「日本の領土には攻めこまない」と約束していたにもかかわらず、とつぜん南樺太に侵攻しました。そしてそのまま占領。現在も占領しつづけています。

第二次世界大戦に負けた日本は、1951年に連合国とサンフランシスコ平和条約*2を結び、千島列島と樺太の領有権を放棄しました。

*1「千島・樺太交換条約」は、1875年、日本とロシアのあいだに結ばれた国境画定条約。宗谷海峡を境に樺太（サハリン）をロシア領、千島列島を日本領とすることなどが取り決められた。

千島・樺太交換条約（1875年）で決まった国境線

ポーツマス条約（1905年）で決まった国境線

*2 第二次世界大戦の戦争状態を終結させるために、アメリカのサンフランシスコで調印された日本と連合国との条約。

千島列島の島じまの夏の典型的な風景。

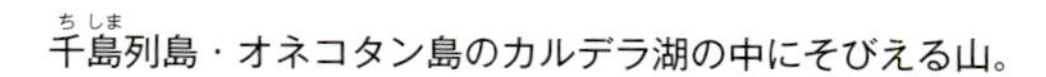
千島列島・オネコタン島のカルデラ湖の中にそびえる山。

北方領土問題

北方領土問題は、日本人ならだれもが、何度も聞いたことのある言葉でしょう。この問題のはじまりは、江戸時代末期に当時の江戸幕府とロシアが結んだ日露和親条約（→p11）にさかのぼるといわれています。

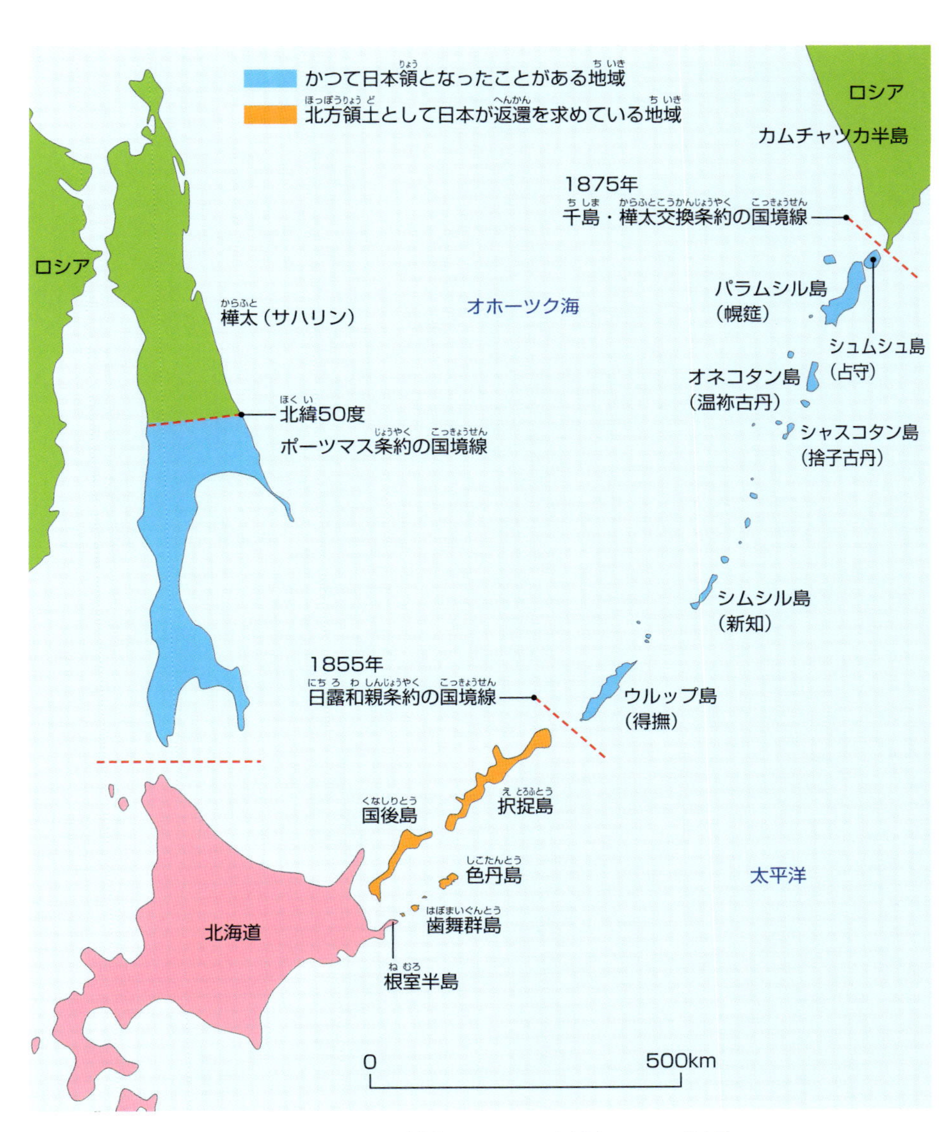

●そもそも「北方領土」とは？

「北方領土」とは、北海道根室市の北にある歯舞群島、色丹島、国後島、択捉島の「北方四島[*1]」のことです。

1945年に日本が第二次世界大戦に敗れるまでは、これらの島に日本人がたくさんくらしていました。現在はロシア（1991年まではソ連）により占領され、日本人は住んでいません。

ロシアは、サンフランシスコ平和条約[*2]で日本が放棄した千島列島に北方四島がふくまれていると主張しています。「千島は地形の状況から見て国後島までである」などともいっています。

しかし、これに対して日本は、ウルップ島より南にロシアの勢力がおよんだことがなかったことや、1875年の千島・樺太交換条約（→p12）でも千島がウルップ島以北であるとされていたことなどにより、「千島列島には北方四島はふくまれていない」と、ずっと主張してきました。

2017年現在、日本とロシアのあいだには、まだ平和条約は結ばれていません。しかし、両国ともにその必要性を感じ、条約を結ぶ準備を進めています。

それでもロシアは、「歯舞群島と色丹島を返還する用意はあるけれど、それ以外は返還する必要がない」という主張をくりかえしています。

＊1 北方領土はしばしば「北方四島」と表現されるが、実際は、歯舞群島には複数の島じまがあり、色丹島や国後島、択捉島にも海岸線付近に小さな島がある。

＊2 ソ連は連合国の一員だったが、サンフランシスコ平和条約に署名しなかった。

沖ノ鳥島の全景。満潮になると、白くふちどられたように見えるサンゴ礁はしずんでしまう。

6 日本の最南端は？

南北に長い国土をもつ日本の最南端は、「沖ノ鳥島」とよばれる小さな島です。サンゴ礁でなりたっているこの島は、満潮になると大部分が水面下にしずみ、高さ70cmほどの北小島と東小島が水面から顔をのぞかせるだけです！

こんな小さな島なのに！

沖ノ鳥島は、北緯20度25分に位置する4.5km×1.7kmのサンゴ礁でできた無人島です。ここは東京から1700kmはなれていますが、東京都に属しています。

この島は、このままほうっておけば、太平洋の荒波でけずられて消えてしまうと予想されています。そこで日本は、島の周りをコンクリートでかため、さらにそのまわりに消波ブロックを設置し、島がしずむのをふせいできました。

ただし、現在、日本人が住んでいる日本の最南端の島となると、沖縄県の波照間島です。そこには「日本最南端平和の碑」が立っています。

考えることはおもしろい！

日本から遠くはなれた、こんなに小さな島に対して、どうしてここまでするのでしょうか。その理由は、沖ノ鳥島があるおかげで広い排他的経済水域 (→p5) をたもてているからです。

周りをコンクリートでかためられた沖ノ鳥島。

波照間島の「日本最南端平和の碑」。

沖ノ鳥島をめぐる国際関係

2004年4月、中国の船が、沖ノ鳥島周辺の日本の排他的経済水域（EEZ）内で、海底資源の調査をおこなっていたことが判明し、おおさわぎになりました。その後も沖ノ鳥島をめぐって、いろいろと問題が続いてきました。

国連海洋法条約違反

ある国のEEZ内で外国の船が海底資源の調査をおこなうことは、国連海洋法条約に違反するとされています。このため、日本のEEZ内で中国が資源調査をすることに対し、日本は強く抗議しました。

ところが中国は、沖ノ鳥島が島ではなく、ただの「岩」であるという見解を示し、やめようとしませんでした。

「岩なので、その周辺の海域も日本の排他的経済水域ではない。だから、中国が資源の調査をしても問題ない」というのです。同年12月10日にも、中国の海洋調査船が沖ノ鳥島周辺のEEZ内で、音波を発しながら海洋調査と思われることをやりました。

コンクリートや消波ブロックで囲まれる前の沖ノ鳥島の東小島。

中国の主張について

中国が沖ノ鳥島を「島とは認めない」と主張したのは、そこが島でない場合には、周辺の海は公海とみなされ、どこの国も自由に利用できるからです。

一方、島が消え、EEZも消えることはなんとしてもさけたい日本のとったやり方（島の周囲をコンクリートでおおうなど）は、世界の国ぐにから「おかしい」と思われたのは事実。このため、中国の主張を支持する国もあらわれました。

つづく

沖ノ鳥島は、ハワイとほぼ同じ緯度にある熱帯の島。

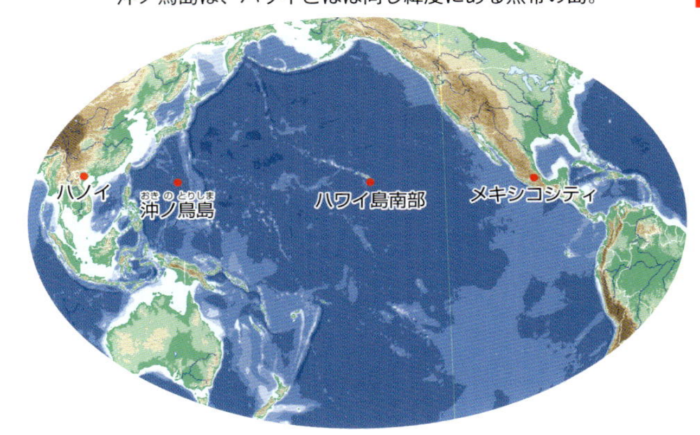

島を守るための工事をおこなったあとのようす。
まん中に少しだけ見えるのがもともとの島の部分。

大陸棚についての国連の見解

現在、国連は、「沿岸国の大陸棚が続いていると認められる場合、基線から200海里以上でも大陸棚と認める（350海里以内）」と定めています。

「大陸棚」は、陸地から続いていて、なだらかな海底になっている部分のことです。「大陸」という言葉がついていますが、これは大きな大陸だけをさすわけではありません。小さな島にも大陸棚があるのです。

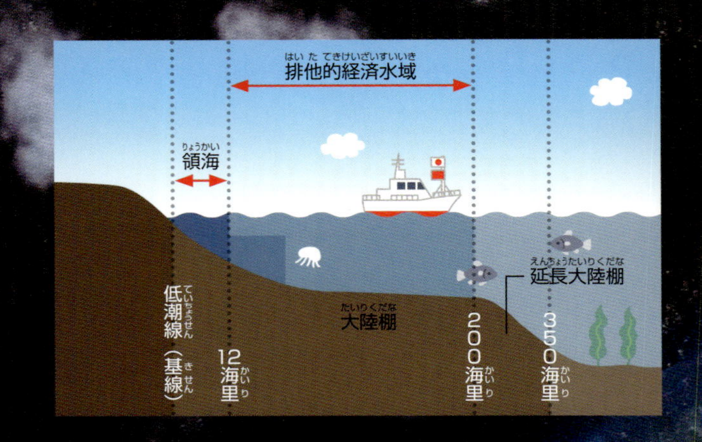

2012年の国連決定の意味

近年、沖ノ鳥島や南鳥島の周辺などの広い範囲で、大陸棚が続いている場所が見つかりました。日本は、それを証明しようと、科学的なデータを集め、2008年に国連の「大陸棚の限界に関する委員会」に対し、沖ノ鳥島を起点とする海域など７か所について、日本の大陸棚の拡張を申請しました。

国連は、日本の申請を受けて審査。2012年６月、日本の申請を認めました（申請の一部は保留）。その結果、日本の大陸棚は、以前より合計31万km^2拡大することになりました。

この国連の決定は、日本にとって大陸棚の面積が拡大した以上に大きな意味があるといわれています。なぜなら、中国が「島でなく岩だ」という沖ノ鳥島を大陸棚の基点にしたことにより、そこが島であることを国連が正式に認めたことになるからです。ここにきて、沖ノ鳥島が岩だという中国の主張は、消えるかと思われました。しかし……。

つづき

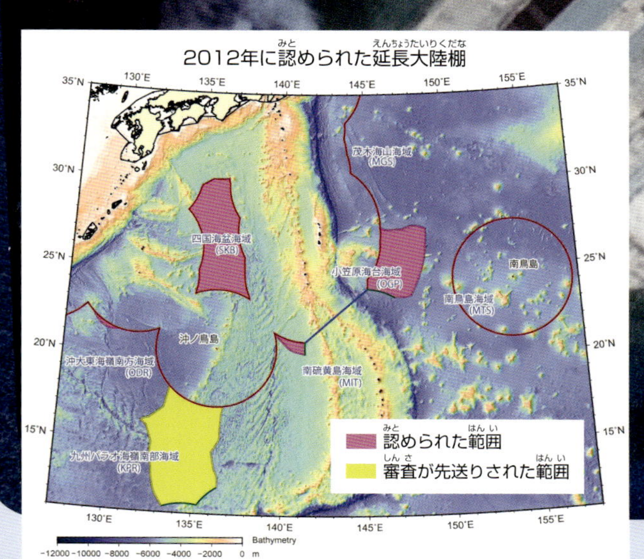

出典：首相官邸ホームページ

中国が南沙諸島に建設している
ファイアリー・クロス礁の人工島。
写真：AP/アフロ（2015年9月撮影・衛星写真）

●中国の人工島建設

2014年、南シナ海の南沙諸島で中国が人工島を建設していることが発覚しました。建設が進み、その島の周囲12海里を中国の領海であると主張するようになりました。

国際社会がそれに反対すると、中国は日本の沖ノ鳥島を引き合いに出しながら、沖ノ鳥島で日本のEEZが認められるなら、中国が南沙諸島の岩礁を埋め立ててつくった島に、中国のEEZが認められるのも当然だといっています。

しかし、沖ノ鳥島は人工島ではありません。「自然に形成された陸地であって、水に囲まれ満潮時にも水面上にあるもの」という島の定義にのっとっています。ところが、中国が埋め立てた南沙諸島の岩礁は、もともと海中にあったもので、その上に陸地をつくるのは、人工島をつくること。人工島にはEEZが認められないと、日本をはじめ国際社会がみなしています。

⑦ 3か国が自分のものだという尖閣諸島

日本は「尖閣諸島が日本固有の領土であることは、歴史的にも国際法上も疑いのないところである」といっていますが、尖閣諸島をめぐる日本、中国、台湾の争いは現在も続いています。

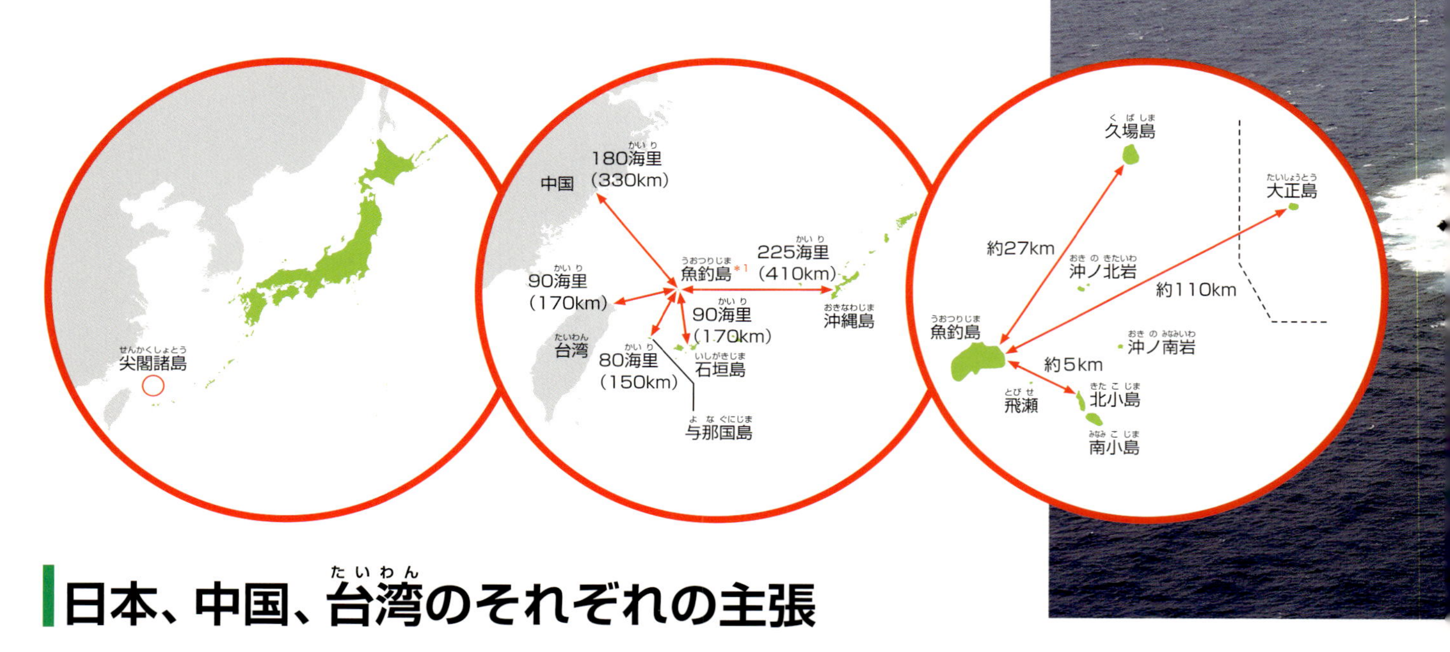

日本、中国、台湾のそれぞれの主張

次は、尖閣諸島をめぐる３か国のそれぞれの主張をまとめたものです。

【日本の主張】

①尖閣諸島に関して解決すべき領有権の問題は、存在していない。

②尖閣諸島は、歴史的にも一貫してわが国の領土である南西諸島の一部である。もともと尖閣諸島は、1885年以降政府がなんども現地調査をおこない、そこが無人島であり、清国（現在の中国）の支配はまったくおよんでいないことを確認し、その上で、1895年1月14日に正式に日本の領土に編入（先占）した。

③尖閣諸島は、日本が清国より割譲を受けた台湾および澎湖諸島*2にはふくまれていない。

④中国および台湾が尖閣諸島に関する独自の主張をはじめたのは、1968年秋に東シナ海に石油埋蔵の可能性があることが判明したのちの1970年代以降である。

⑤中国および台湾が、歴史的、地理的、地質的根拠などとしてあげている点は、どれも尖閣諸島に対する中国の領有権を裏づけるに足る国際法上有効な論拠とはいえない。

プラス1 先占とは？

「先占」とは、どの国も領有していない土地に対し、ほかの国より先に実効支配する（実際に支配することによって自国の領土とする）こと。これは、国際的に認められている国の権利である。

尖閣諸島の風景。読売新聞／アフロ

【中国の主張】

①尖閣諸島のことについて書いてある最も古い文献が中国で発見された。

②日本が尖閣諸島を自国の領土であると宣言したのは、中国が日清戦争に敗れて弱体化していたときだ。日本は混乱に乗じて一方的に領有を宣言した。

③日本は第二次世界大戦後のサンフランシスコ平和条約 （→p12） により、日本が日清戦争で中国からうばった台湾や澎湖諸島を返却した。そのときに尖閣諸島も返還すべきであった。

【台湾の主張】

①1949年、中国をおさめていた蒋介石ひきいる国民党が台湾にわたった。台湾が尖閣諸島を領土だと主張する根拠は、中国と同じ。

②地理的に見ても、尖閣諸島は中国よりも台湾に近い。

＊1 尖閣諸島のなかで最大の島。周囲約11km、もっとも高いところで海抜362m。

＊2 台湾の西方約50kmに位置する島じま。

争いの経緯

尖閣諸島は、第二次世界大戦前には、日本人が住んでいました。しかも、尖閣諸島のうちの１つ大正島は、日本の国有地となっていましたが、ほかの４つの島が個人所有だったため、日本政府が、所有者に賃貸料を支払って管理下においていました。

その尖閣諸島について中国は19ページに記したような主張をもっていましたが、1980年代まではふれないようにしていたといいます。当時の中国の副総理だった鄧小平*1は1978年、「こういう問題は一時棚上げしてもかまわない。つぎの世代はわれわれよりもっと知恵があるだろう。みんなが受けいれられるよい解決方法を見いだせるだろう」と語り、日本と中国の友好を優先させたといいます。

ところが1992年、中国は尖閣諸島を自国の領土とすることなどを記した「領海法」*2という法律をつくります。すると日本は、国連海洋法条約が発効した1994年、中国の領海法に対抗する形で尖閣諸島周辺を日本のEEZとすると発表しました。

*1 鄧小平（1904年～1997年）。日中平和友好条約が結ばれた1978年の中国共産党副主席。1980年代は、最高指導者として改革開放政策を推進し、現在の中国の基礎をきずいたといわれる。

*2 1992年に中国が制定した、尖閣諸島を自国の領土と定めた国内法。この後、日中平和友好条約以後、日本の実効支配を黙認していた中国が、尖閣諸島の領有権を強く主張するようになった。

尖閣諸島の警備をする日本の海上保安庁の船と、中国漁船（左）。

いくつもの事件

- 1978年４月、約100隻の中国漁船団が尖閣諸島に集団で接近。すると同年８月、日本の民間人が魚釣島に灯台を建設。
- 1990年には、台湾の漁船が尖閣諸島の海域に入り、「台湾地区スポーツ大会」の聖火リレーをおこなった。
- 1996年９月、香港から出航した船に乗った数人が尖閣諸島の海に飛びこみ、１人がおぼれて死亡するという事件が起こった。さらに同年10月にも、台湾、香港の４人が魚釣島に上陸した。
- 2004年、中国の民間人が魚釣島に上陸し、沖縄県警に現行犯逮捕された。この事件を受けて、日中ともに国内で相手国を非難する声が高まった。

写真提供：海上保安庁

・海上保安庁の巡視船が、2010年９月７日、尖閣諸島沖の日本の領海内で漁をしている中国の漁船を発見し、停船命令を出した。すると漁船は逃走したのち、巡視船に体当たり。海上保安庁は公務執行妨害で漁船の船長を逮捕。しかし、日本は日中関係の悪化をおそれて、船長を処分保留のまま中国へ送還。ところが、中国は日本に対し、船長を逮捕したことについて謝罪と賠償を要求してきた。そして、中国ではげしい反日デモが起こり、日本への反感がどんどん高まっていった。まもなく、台湾でも反日デモが発生。

一方、日本では、船長を釈放したうえ、事件のようすを記録した映像を公開しなかった政府に対し、国民の批判が高まる。

このように、尖閣諸島の領有をめぐって、日本、中国、台湾のはげしい対立が続いています。

写真：AP/アフロ

2010年９月、中国の漁船の船長が逮捕された一連の事件に反発し、北京の日本大使館の前で尖閣諸島の領有権を主張する中国の人びと。

●尖閣諸島周辺海域における中国漁船の退去警告隻数の推移

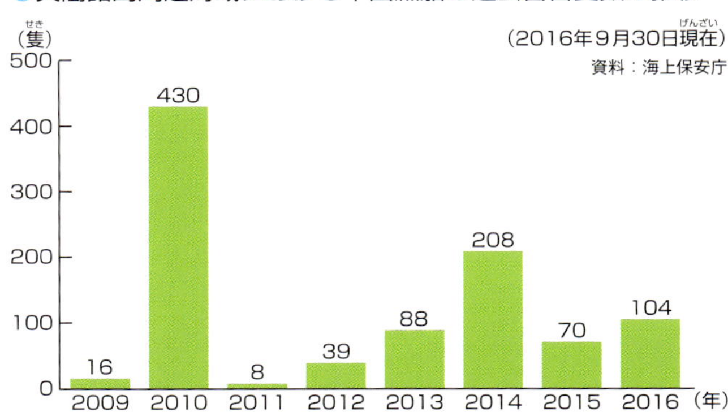

東シナ海をめぐる議論

尖閣諸島がある東シナ海の海底には天然ガスなどの資源が多くあることから、日本も中国も、より広い範囲を排他的経済水域（EEZ）にしたいと考えています。そのため、日中の意見がはげしく対立しています。

東シナ海の日中中間線

日本は東シナ海での日本のEEZについて、沖縄諸島と中国大陸とのちょうど中間に位置する線（日中中間線）までと主張していますが、中国は、「沖縄トラフ*」までが中国のEEZだと主張。両国の対立が続いています。この背景には、過去に琉球王国（現在の沖縄）が日本と中国の王朝の両方に帰属していたという歴史的な経緯があります。また、近年の尖閣諸島問題 (→p18) も大きく影響しています。

中国の「大陸棚自然延長」とは？

16ページにあるとおり国連は、日本が主張する沖ノ鳥島の大陸棚の延長を認めました。すると2012年9月16日、中国の外交部は「国連大陸棚限界委員会」に対し、中国のEEZを日中中間線をこえて沖縄トラフまでとする「大陸棚自然延長案」を正式に提出すると発表。これは、その直前の11日に日本政府が尖閣諸島の魚釣島、北小島、南小島の３島を国有化したことに対抗するものだといわれています。

*沖縄トラフとは、九州の南西から台湾の北東までのびる、長さ約1000km、幅約100kmの細長い海底のくぼみ（トラフ）のこと。東シナ海でもっとも深く、水深約2200mのところもある。

東シナ海の日中中間線付近で中国がつくったガス掘削施設のひとつ。
写真提供：海上保安庁

中国が「日中中間線」付近でガス田開発

1960年代の終わりごろから、東シナ海に天然ガス資源があるのではないかといわれていました。中国は2003年、日中中間線の少し中国側で、ガス田開発をはじめます。すると、日本は「地下を通じ日本側のEEZの資源を吸いとっている」と主張。そこで、日中両政府は2008年６月に、その問題の解決のために、そこを「共同開発区域」とすることに合意し、条約をつくる準備に入りました。

ところが、2010年９月に尖閣諸島沖での中国漁船衝突事件（→p21）が発生すると、条約づくりは中断。2015年９月には、中国は単独でガス田開発を再開します。

東京都が尖閣諸島を購入!?

2012年４月16日、東京都の石原慎太郎知事（当時）*1が尖閣諸島を東京都が買いとるという計画を明らかにすると、中国が猛反発。

ところが、日本では、その尖閣諸島買いとり計画に対し賛同する人が多く、１か月あまりで14億円あまりの寄付金がよせられました。また、「領土を守るのは国の役割だ」という声もあがりました。そうして日本政府も、尖閣諸島の購入を検討せざるを得なくなり、所有者と交渉した結果、９月11日に20億円あまりで購入する契約を結びました。

このことがきっかけとなって、中国の各地で反日デモが発生。上海、成都などの大都市でデモ隊が暴徒化し、日の丸を焼いたり、日本食レストランや日本企業の工場や販売店を略奪したり放火したりするなどの事件が起こりました。日本人に対する暴行も発生。日中国交正常化*2以来、最大規模の反日運動となりました。

その後の日中関係はさらに冷えこみました。日本政府は「領土問題は存在しない」（→p27）としていますが、実際にはそういってもいられなくなったといわれています。

*1 石原慎太郎は、小説家で政治家。参議院、衆議院の議員および、東京都知事を歴任。2012年10月25日、都知事を辞任し、新党を結成して国政に復帰。その後、引退。

*2 日中国交正常化とは、1972年9月29日、田中角栄首相（当時）と周恩来首相（当時）が日中共同声明に調印し、日本と中国が外交関係を樹立したことをさす。

8「独島」とよばれる竹島

日本と韓国のあいだにある、世界地図では確認できないような小さな島をめぐって、現在、重大な問題が起きています。日本で竹島とよんでいるこの島を、韓国と北朝鮮は「独島」とよんでいます。

背景と経緯

竹島は日本と韓国のほぼまん中に位置する、総面積が約0.20km^2（東京ドーム５つ分ほど）の島で、切り立った２つの岩とその周辺の数十個の小島からなりたっています。人の住むことができる環境ではありませんが、その周辺がとてもよい漁場になっているため、江戸時代のはじめごろ、日本や朝鮮半島の漁師がおとずれていたといわれています。

1905年に日本がこの島を先占（→p18のプラス１）し、国際的にも日本の領土であることが認められてきました。

ところが、第二次世界大戦の直後、日本を占領した連合国軍最高司令官総司令部（GHQ）が、沖縄や小笠原諸島と同じように、竹島を日本の行政権からはずしました。すると、当時の韓国の李承晩大統領がこれを理由にして、1952年に日本と韓国の境界線（李承晩ライン*1）を一方的に定め、竹島を韓国側に組みこみました。これが、竹島問題のはじまりでした。

その後、韓国は、竹島を占拠し、1954年からは警備隊を配備して支配を強めたのです。しかしその後しばらくは、日韓両国ともに竹島問題を先送りにしてきました。そして、1965年６月22日、日本と韓国のあいだで戦後賠償に代わる経済援助や在日韓国人の法的地位などを取り決めた「日韓基本条約」が結ばれました。

ところが、1996年にEEZの範囲を決める際、竹島問題がふたたび浮上。なぜなら、両国にとって、竹島をもつか、もたないかでEEZの広さが大きくちがってくるからです。

こうして、竹島をめぐり、両国の対立はしだいにはげしくなりました。それでも両国は、たがいの関係を悪化させないために、竹島がどちらのものかを決めないまま、漁業について話し合いを続け、1998年に「日韓新漁業協定*2」を結びました。

*1 韓国の当時の大統領李承晩が1952年１月18日に設定した他国の漁船の侵入を制限した線のこと。

*2 1965年に日本と韓国との国交樹立とともに結ばれた日韓漁業協定をもとに、1998年11月28日に結ばれた「漁業に関する日本国と大韓民国とのあいだの協定」のこと。1999年１月22日発効。

近年の動き

2004年、韓国は、独島（竹島の韓国名）をあしらったデザインの切手を発行。これに対し日本政府は、切手の発行中止を求めました。しかし、韓国はこれを拒否。韓国国内では、この切手を手に入れようとして多くの人が郵便局の前にならぶ人気ぶりでした。

このことは、韓国国民の竹島問題に対する関心がきわめて高いことを示しています。また、2004年６月、韓国から竹島をめぐる観光船が就航をはじめました。ただ船上から島をながめるというだけの観光が大人気となりました。

一方、日本では、1905年２月22日に竹島が島根県に編入されてから100年になるのを記念し、2005年３月、島根県は２月22日を「竹島の日」とすることを条例で定めました。

すると今度は、韓国の馬山市が2005年３月に「対馬島の日」を制定。対馬島とは日本の対馬のことです。

2012年８月、当時の韓国の李明博大統領*がヘリコプターで竹島に上陸しました。他国の領土に無断で入ることは国際法上許されません。しかし、韓国は竹島を不法占拠し、警備隊を駐留させているため、かんたんにできたのです。

その翌年2013年の「竹島の日」の式典には、日本政府関係者がはじめて出席。政府と県が一体となって竹島が日本領であることを訴えました。

こうして、竹島をめぐって、両国は対立を深めていきました。

* 大阪府大阪市平野区生まれ。英語も日本語も堪能。2008年２月 25日に第17代韓国大統領に就任。2012年、歴代大統領としてはじめて竹島に上陸。

竹島に上陸した李明博大統領。

竹島問題

韓国は、「独島（竹島）」は歴史的・地理的・国際法的に韓国の固有領土であると主張し、「領土問題は存在しない」という立場を取っています。どうして、そのようにいうのでしょうか。

両国の主張

竹島は、1952年以降韓国が武装警察官を常駐させてきました。これに対し、日本は「不法占拠」だとして抗議しています。両国の主張をまとめると、つぎのようになります。

【韓国の主張】

①韓国には、日本よりも古い時代から独島（竹島）を支配していたことを示す文献がある。

②1905年２月に日本がおしすすめた独島の島根県編入の手続きは、韓国に秘密でおこなわれた。しかも、それは日本が韓国の植民地支配をはじめようとしていた時期におこなわれたので、手続き自体が無効である。

③第二次世界大戦後、連合国軍最高司令官総司令部が出した日本の領土を定める文書で、独島は日本の領土から除外されている。また、日本の漁船の活動範囲を定めた文書にも、この島はふくまれていない。

【日本の主張】

①韓国で見つかった古い文献にある島は、竹島をさすかどうかわからない。一方、日本には、1618年にはすでに竹島を利用していたことを確実に示す文献がある。

② 1905年の島根県への編入手続きは、国際法上有効なもので、新聞などでも報道されている。秘密のうちにおこなわれたものではない。また、この編入手続きは、竹島が日本領であることを再確認するためにしたことにすぎず、竹島はもともと日本の領土である。

3
スタタタ
いらない！
そもそも
ケンカなんか
してない!!
え～っ
どこ行くの～!?
独島がこっちの
ものなのは
決まってるん
だから！

4
ま…どこも
同じようなこと
いうんだけどネ
解決しないよ～

③戦後、連合国軍最高司令官総司令部が出した日本の領土についての文書では、たしかに竹島が日本領からはずされている。しかし、この文書には同時に「日本の領土、漁業権についての最終決定ではない」という一文がふくまれている。

「領土問題は存在しない」とは？

一般に「領土問題」とは、ある地域がどの国の領域に属するかをめぐって、国どうしの争いが起きることをさします。

日本の場合、「日本が関わる領土問題はロシアとのあいだの北方領土問題および韓国とのあいだの竹島問題です」（外務省）と公式に発表しています。

一方、尖閣諸島についても、争いが起きている（→p18）のは事実ですが、「領土問題は存在しない」といういい方をしています。これは、尖閣諸島が日本固有の領土であることは、歴史的にも国際法上も疑いのないことで、現に日本は尖閣諸島を実効支配していることから、尖閣諸島をめぐり解決すべき領有権の問題はそもそも存在していないという立場を主張しているのです。

竹島問題について、日本は1954（昭和29）年から３回にわたり、紛争の解決を国際司法裁判所にゆだねることを提案しましたが、韓国側は「領土問題は存在しない」として、すべて拒否してきました。

プラス1 国際司法裁判所

領土問題で争っていながら、一方の国が「領土問題は存在しない」という場合、当事者どうしで解決することはなかなかむずかしい。そんな場合、国際司法裁判所へ訴えることができる。しかし、国際司法裁判所は、争いの当事国の一方が拒否すれば審判をおこなうことができないという決まりがある。そのため、実際に国際司法裁判所へ訴えて解決した例は少ない。

国際司法裁判所が設置されているオランダ・ハーグの「平和宮」。

9 日本の最東端の小島

よくまちがえられることですが、南鳥島は、日本のいちばん南にある島ではなく、最東端の島です。一辺が約2kmの三角形の形をした小さなこの島のおかげで、日本は広大な排他的経済水域をもっているのです。

南鳥島（1987年撮影）。

南鳥島にある「日本最東端」の碑。

南鳥島の「ふしぎ」？

小笠原諸島に属する南鳥島は、海底が隆起して、およそ20万年前に島になったと考えられています。この島は、本州から1800kmはなれていて、小笠原諸島の父島からも東に1300kmはなれています。東経は、153度58分。北海道のいちばん東にある根室半島（→p13地図）の納沙布岬が東経145度49分（北方領土の択捉島は東経148度53分）ですから、それらよりずっと東ということになります。

その最東端の島が「南鳥島」と名づけられた理由は、わかっていません。南鳥島は北緯24度17分にあるのに、沖ノ鳥島のほうがずっと南の北緯20度25分にあるのは、ふしぎです。

「ふしぎ」といえば、南鳥島を発見したのはアメリカ人でした。アメリカの船モーニングスター号が1864年にこの島を発見し、「マーカス島」と名づけました。

この島をアメリカのものにしたいと考えたアメリカ船の船長A・ローズヒルが1902（明治35）年７月11日にホノルルを出発し、マーカス島へ向かいます。これを知った明治政府は、軍艦「笠置」を派遣し、先に上陸。その３日後に到着したA・ローズヒルに、南鳥島はすでに日本の統治下に入っていることを告げたところ、A・ローズヒルは引きかえしました。その後も、日本とアメリカのあいだで話し合いがおこなわれた結果、南鳥島は日本領土として確認されたといいます（小笠原村ホームページより）。

なお、南鳥島も、ほかの島じまと同じで、第二次世界大戦の日本の敗戦によって一時アメリカに統治されましたが、1968年に日本に返還されました。

南鳥島の「特別」

「ふしぎ」をかかえるこの島には、日本の島じまとしては、「特別」な特徴もあります。

- 唯一、日本海溝*1の東側にある。
- 唯一、太平洋プレート*2上にある。
- 排他的経済水域がほかの島から孤立している。

５ページの地図を見ればすぐにわかりますが、排他的経済水域も完全に孤立しています。それでも東京都小笠原村に属する島なのです。

プラス 1 最西端の島は与那国島

与那国島は、沖縄県に属する、南西諸島西端の島。日本国最西端の地の碑（北緯24度28分・東経123度０分）が立っている。

可能性をひめた小さな島じま

南鳥島があるおかげで、日本の排他的経済水域は広くなっています。その海で、日本は自由に漁ができます。海洋資源の開発もできます。また、幸いにも、竹島や尖閣諸島で現在起こっているような争いをかかえていません。

2012年６月、東京大学の研究チームが南鳥島の近くの海底でレアアースを発見したことが発表されました。今後実際に採掘されれば、南鳥島は、日本にとってさらに特別なめぐみの島となると期待されています。

しかし、尖閣諸島のように、海洋資源が発見されたのちに紛争が起こった例もあることを、わすれてはならないでしょう。

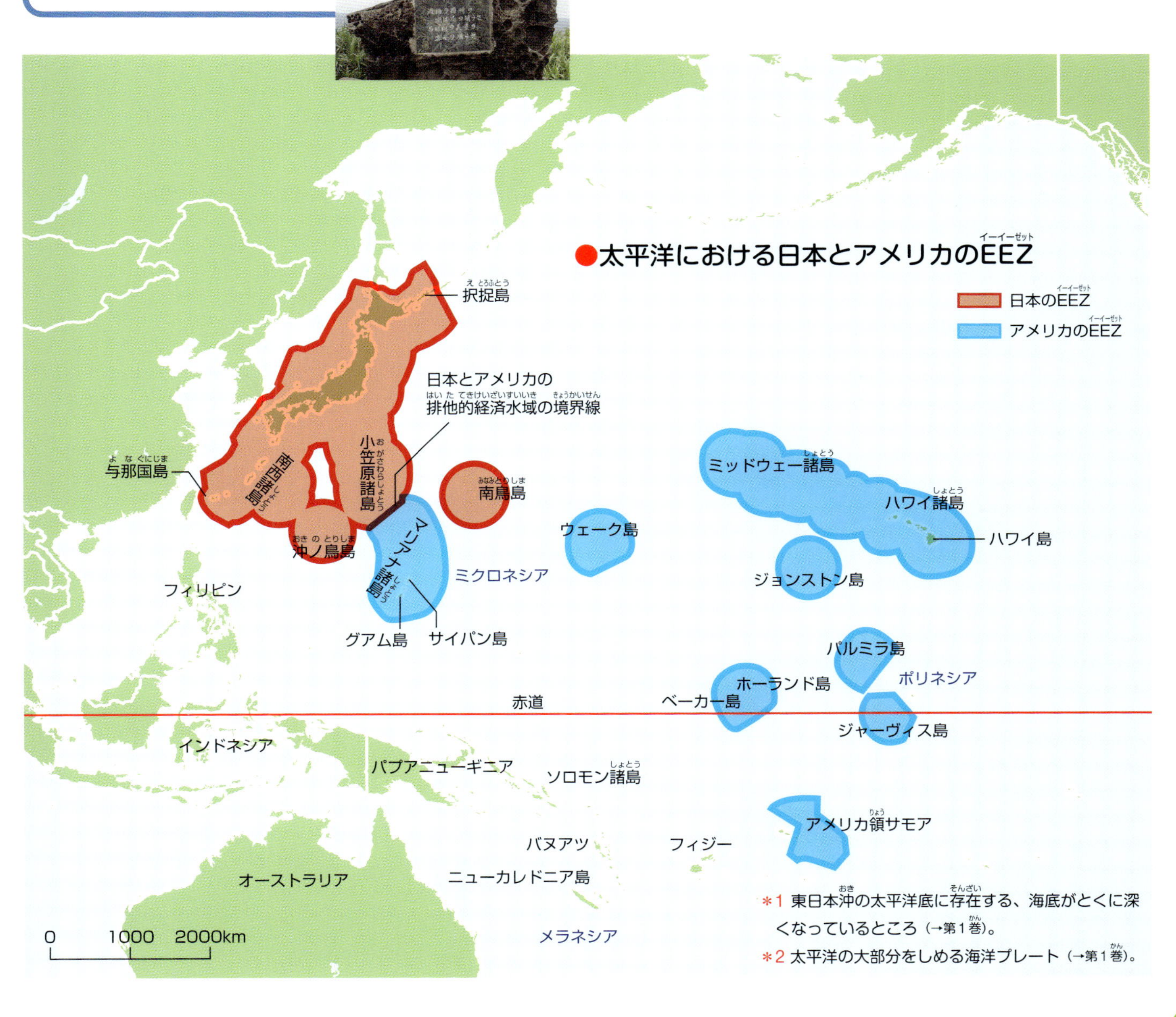

*1 東日本沖の太平洋底に存在する、海底がとくに深くなっているところ（→第１巻）。

*2 太平洋の大部分をしめる海洋プレート（→第１巻）。

用語解説

●海上保安庁……5、21

1948年に設置。現在は国土交通省の外局として、海上治安の維持、海上交通の安全確保、海難救助、海上防災・海洋環境保全、国内外関係機関との連携・協力を使命とし、業務にあたっている。

●海里……4、5、6、8、9、16、17、18

海で用いる長さの単位。緯度1分（緯度1度の60分の1）に相当する長さが1海里。メートルであらわすと1852メートルになる。なお、船の速度をあらわす単位に「ノット」があるが、1時間に1海里進む速さが1ノットとされている。

●基線……4、5、6、8、9、16

領海および接続水域、排他的経済水域（EEZ）、大陸棚の幅を測定するための基準となる線。基本的には、干潮時（潮がいちばん引いたとき）に海面と陸地が接する線（低潮線）とする。しかし、海岸線が複雑に入りくんでいる場所などでは、岬や半島の先端など適当な地点を直線で結び、基線とすることもある。

●群島……7、9、13

比較的せまい海域内にまとまりをもってむらがっている島じま。なお、群島よりも広い範囲に散在している島じまのことは「諸島」という。北方領土の「歯舞群島」は、外交文書等では「群島」と表記されていたが、国土地理院発行の地図では、かつては「歯舞諸島」と表記されていた。2008年、国土地理院は「歯舞群島」に表記を統一した。

●トラフ……22

細長い海底のくぼみのうち、深さが6000m以下の比較的ゆるやかな斜面をもつもの。深さ6000mをこえるものは、海溝という。

●日清戦争……19

1894年8月から翌年4月にかけておこなわれた、日本と清国（当時の中国の王朝）のあいだの戦争。日本が勝利し、下関で締結された講和条約により、清国は台湾と澎湖諸島を日本にゆずりわたすことになった。

●日中国交正常化……23

1972年9月29日、田中角栄首相（当時）と周恩来首相（当時）が日中共同声明に調印し、日本と中国が外交関係を樹立したことをさす。

●北方領土……2、10、13、27、28

日本がロシアに対して返還を求めている、北海道根室半島の沖合にある、現在ロシアが実効支配している択捉島、国後島、色丹島、歯舞群島のことをさす。

●領土……4、6、12、18、19、20、23、24、25、26、27、28

その国の法律にしたがわなければならない（その国の法律が効力をもつ）領域のこと。狭義には、陸地の領域をさす。

●レアアース……29

地球上に存在する金属のうち、非常に希少な金属のこと。光学材料、電子材料などに不可欠な元素で、現代産業をささえる重要な存在となっている。

●連合国軍最高司令官総司令部……24、26、27

第二次世界大戦終結にともない、日本で占領政策を実施した連合国軍の機関。

さくいん

あ行

アメリカ……11、12、28、29
EEZ……4、15、17、20、22、23、24、29
李明博大統領……25
魚釣島……18、19、20、22
ウルップ島……7、11、12、13
蝦夷……11
択捉島……5、7、9、10、11、12、13、28、29
延長大陸棚……5、16
大隅海峡……9
沖縄トラフ……22
沖ノ鳥島……2、3、5、14、15、16、17、22、28、29

か行

海上保安庁……5、21
カムチャツカ半島……7、11、13
カモイワッカ岬……10
樺太（サハリン）……6、7、11、12、13
韓国……2、3、8、9、24、25、26、27
基線……4、5、6、8、9、16
北朝鮮……2、8、9、24
国後島……7、9、11、13
クリル諸島……11、12
公海……4、5、15
国際海峡……9
国際司法裁判所……26、27
国連海洋法条約……5、15、20
国境未画定地域……6、7

さ行

最西端……29
最東端……28
最南端……14
最北端……7、10
サンフランシスコ平和条約……12、13、19
色丹島……7、9、13
実効支配……18、20、27
シュムシュ島……7
人工島……17
接続水域……4、5
尖閣諸島……3、5、18、19、20、21、22、23、27、29
先占……18、24
宗谷海峡……6、7、9、12
宗谷岬……6、7、8、10
ソ連……12、13

た行

大正島……18、20
太平洋プレート……29
大陸棚……3、5、16、22
台湾……3、8、18、19、20、21、22
竹島……2、5、24、25、26、27、29
種子島……9
千島・樺太交換条約……12、13
千島列島……7、11、12、13
中国……3、15、16、17、18、19、20、21、22、23
朝鮮半島……8、24
津軽海峡……9
対馬……3、8、9、22、24、25
対馬海峡……8、9
天然ガス……22、23
鄧小平……20
特定海域……6、9
独島……24、25、26、27

な行

内水……9
南沙諸島……17
日露戦争……12
日露和親条約……11、13
日中国交正常化……23
日中中間線……22、23
日中平和友好条約……20
日本海……2、5、8、9、24
日本海溝……29
納沙布岬……28

は行

排他的経済水域……4、5、14、15、16、22、28、29
波照間島……14
歯舞群島……7、9、13
東シナ海……2、5、8、9、18、22、23
釜山……3、8
弁天島……10
ポーツマス条約……12、13
北方四島……7、13
北方領土……2、10、13、27、28

ま行

南シナ海……17
南鳥島……5、16、28、29

や行

屋久島……9
与那国島……5、8、18、29

ら行

李承晩ライン……24
領海……2、4、5、6、8、9、16、17、21
領空……4
領土……4、6、12、18、19、20、23、24、25、26、27、28
ロシア……2、6、7、9、11、12、13、27

■監修
田代 博（たしろ ひろし）
1950年広島県生まれ。1972年東京教育大学理学部（地理学専攻）卒業後、神奈川県立高校、1997年より筑波大学附属高校の社会科地理教諭。2015年より（一財）日本地図センター勤務。現在、日本地図センター相談役、明治大学等非常勤講師。地図を用いた富士山の展望研究で知られ、テレビ等にもしばしば出演。主な著書に『知って楽しい地図の話』『今日はなんの日、富士山の日』『世界の「富士山」』『地図がわかれば社会がわかる』（いずれも新日本出版社）、『「富士見」の謎』（祥伝社）、共編『展望の山旅（正、続、続々）』（実業之日本社）、監修『友だちに話したくなる地図のヒミツ』（実務教育出版）などがある。

■著者
稲葉茂勝（いなば しげかつ）
1953年東京都生まれ。大阪外国語大学、東京外国語大学卒業。国際理解教育学会会員。子ども向けの書籍のプロデューサーとして多数の作品を発表。自らの著作は、『「戦争」と「平和」をあらわす世界の言葉』（今人舎）など、国際理解関係を中心に多数。2016年9月より「子どもジャーナリスト」として、執筆活動を強化しはじめた。

■企画・編集／こどもくらぶ

■制作・デザイン／（株）エヌ・アンド・エス企画（佐藤道弘・矢野瑛子）

本書で紹介した資料などは、2017年9月までに調べたものです。今後変更になる可能性がありますので、ご了承ください。

■イラスト
楠美マユラ

■写真協力
海上保安庁
国土交通省京浜河川事務所
国土地理院
アフロ
フォトライブラリー

表紙写真：読売新聞／アフロ
大扉地図：地理院地図に最北端・最南端・最東端・最西端を追加記入

日本の島じま大研究3　日本の島と領海・EEZ　**NDC329**

2017年11月30日　初版発行

監　修　田代 博
著　者　稲葉茂勝
発行者　山浦真一
発行所　株式会社あすなろ書房　〒162-0041　東京都新宿区早稲田鶴巻町551-4
電話　03-3203-3350（代表）
印刷・製本　瞬報社写真印刷株式会社

32P／31cm
ISBN978-4-7515-2893-8